VICTOR MASSON

—

2 février 1807 — 3 mai 1879

—

NOTICES NÉCROLOGIQUES

A

LA MÉMOIRE

DE

Vivant Barthélemy-Victor MASSON

ANCIEN LIBRAIRE-ÉDITEUR

ANCIEN JUGE AU TRIBUNAL DE COMMERCE

DE LA SEINE

CHEVALIER DE LA LÉGION D'HONNEUR

NÉ A BEAUNE LE 2 FÉVRIER 1807

MORT A LA CHASSAGNE (CÔTE-D'OR)

LE 3 MAI 1879

La nouvelle de la mort de M. Victor Masson a
été accueillie par d'unanimes regrets dont la presse
s'est faite l'organe ému et sympathique.

La famille, profondément touchée et reconnais-
sante de ces témoignages de l'estime générale,
tient à honneur d'en conserver et d'en fixer l'expression, en réunissant ici quelques-unes des
notices qui ont été consacrées à la mémoire de
son vénéré chef.

21 juillet 1879.

C'était une touchante cérémonie que celle qui réunissait hier dans l'église Saint-Sulpice une nombreuse assistance toute recueillie dans un sentiment commun. M. Victor Masson, l'éditeur si longtemps célèbre, un des fondateurs de la librairie scientifique et médicale à Paris, était mort récemment dans sa maison de campagne de la Chassagne (Côte-d'Or), où il s'était retiré il y a douze ans après avoir quitté les affaires. Ses obsèques avaient été célébrées à la Chassagne. La famille avait voulu qu'un service funèbre le fût également à Paris où tant d'amis, tant de confrères qu'il y avait laissés devaient venir rendre témoignage de leur affection et de leurs regrets. Ce but a été rempli. L'assistance était considérable; la famille du défunt, son fils Georges, sa veuve, ses parents à tous les degrés, réunis autour du cénotaphe dressé en avant de

l'autel, ont pu se convaincre qu'il n'a manqué à cette honorable mémoire ni souvenir fidèle, ni sympathique empressement, ni considération durable. M. Masson avait autrefois été membre du tribunal de commerce de Paris. Le président actuel de ce tribunal, accompagné de trois juges (1), le doyen de la Faculté des Sciences et celui de la Faculté de Médecine étaient au nombre des assistants, en tête d'un cortège de plus de douze cents personnes, où l'on remarquait les principaux chefs de la librairie parisienne.

La grande librairie de Paris, celle qui a poussé si loin le luxe de ses établissements et porté si haut le renom de ses produits intellectuels en tout genre, n'est pas seulement la première des industries de cette riche et libérale cité ; — elle est, on peut le dire, moralement associée à ce grand mouvement des sciences, des lettres et des beaux-arts, de l'érudition, de l'imagination et du talent, qui a son foyer à Paris et son rayon-

(1) La députation du tribunal de commerce était composée de MM. Moreau, président ; H. Baillière, Billard, Deseglise, juges ; A. Glandaz, greffier en chef.

(Note de la famille.)

nement dans le monde entier. Victor Masson a
été certainement depuis 1838, pendant plus de
trente ans, un des hommes les plus distingués
de sa profession, un de ceux qui ont le plus
contribué à cette expansion, si honorable pour
notre pays, de l'esprit français représenté par
les livres soit en France, soit au dehors. Après
avoir débuté dans la maison de M. Hachette,
c'est-à-dire sous un savant maître : — plus tard
associé, puis successeur de M. Crochard, c'est à
la publication des œuvres scientifiques et particulièrement à la librairie médicale que M. Masson avait consacré son intelligence, son activité
et son goût. Il avait réussi, non sans avoir longtemps lutté. Son établissement, au moment où
il en a laissé la direction il y a dix ans à son
jeune et digne fils, était l'un des premiers dans
la spécialité qu'il avait choisie. Il l'est encore.
« Le temps, dit-on, n'épargne pas ce qu'on a
fait sans lui. » Avec son aide on fait ce qui dure.
Il semble qu'il vous sache gré de l'avoir compté
pour quelque chose.

Victor Masson avait largement recueilli, dans
cet exercice intelligent de sa profession, la considération de ses nombreux clients, les anciens

et les jeunes, les maîtres et les étudiants, ceux
qui faisaient les livres et ceux qui les lisaient,
— y puisant les connaissances nécessaires à leur
état et devançant par eux l'expérience. En
dehors de ce cercle chaque jour agrandi, le libraire de l'Académie de Médecine avait su s'attirer également la confiance de ses confrères de
l'industrie parisienne dans toutes ses branches.
Le tribunal de commerce de Paris l'avait, nous
l'avons dit, compté au nombre de ses juges,
et la croix de la Légion d'honneur était venue
un jour reconnaître les services publics qu'il
avait rendus, notamment comme membre du
jury international de l'Exposition universelle
de Londres en 1862.

Victor Masson n'avait pas été seulement l'éditeur des nombreux savants qui s'étaient adressés,
pour le succès de leurs ouvrages, à son industrie
entreprenante et novatrice, car on peut dire
qu'il l'avait à quelques égards renouvelée. Utile
comme elle l'était, il avait voulu qu'elle fût
belle. Il l'avait matériellement réformée, ayant
substitué à la disgrâce par trop rudimentaire
des publications scientifiques du temps passé
une forme plus élégante à la fois et plus com-

mode, — associant l'art à la science et leur
communiquant cet extérieur agréable qui ne
fait qu'ajouter à leur valeur sérieuse. C'est ainsi
qu'on avait remarqué et récompensé, en 1851
et 1855, les publications qui avaient figuré avec
éclat dans sa librairie aux Expositions de cette
double époque, en Angleterre et en France. Il
avait fait plus : il avait fondé plusieurs journaux
scientifiques, tels entre autres que la *Gazette
hebdomadaire de médecine et de chirurgie*, dont
l'utilité, l'importance et la vogue l'associaient en
quelque sorte aux savants mêmes et aux prati-
ciens dont il était l'éditeur préféré. Très libéral
par l'esprit et jusqu'à une certaine exaltation
pendant sa première jeunesse, puis très refroidi
par l'expérience, très éclairé par son bon sens
naturel, il avait dès lors obéi, dans la vraie me-
sure de son état, à cette grande loi du progrès
général imposé à notre siècle et à notre pays.
Le progrès, il s'en était montré, même dans sa
retraite, le serviteur fidèle et intelligent. N'ayant
plus à éditer des livres, il remuait la terre et
perfectionnait la culture tout autour de lui,
appliquant ainsi à la fondation d'un domaine
agricole les connaissances spéciales qu'il avait

recueillies, dans la fréquentation de tant de savants dont il avait eu la clientèle et conservé l'amitié. Personne n'avait eu, avec ces hommes éminents mais susceptibles, souvent difficiles, des relations plus délicates, un commerce plus sûr, un sentiment plus droit de leur intérêt, un instinct de probité professionnelle plus raffiné : *vir bonus dicendi peritus.* L'honnêteté n'est pas l'inspiration de l'éloquence exclusivement. Elle profite à tous les états, et elle est encore la plus sûre des habiletés.

Le parc-modèle de Victor Masson à la Chassagne a aujourd'hui sa célébrité en Bourgogne, comme autrefois sa maison de librairie avait eu la sienne à Paris. L'éditeur s'était continué en quelque sorte dans le propriétaire, cultivateur et planteur, avec le même esprit d'amélioration progressive, la même persévérance, le même goût, le même succès. « Ne compte dans ta vie que les heures données à faire le bien et à travailler » (*Non ullas numera nisi bono laborique datas*). Cette devise, inscrite peu de temps avant sa mort sur l'horloge extérieure d'une de ses fermes de la Côte-d'Or, pouvait paraître aux yeux de ses amis le vrai ré-

sumé de sa longue, bienfaisante et laborieuse
existence.

Quand la mort est venue, précédée de longues
souffrances, Victor Masson, entouré de tous les
siens, leur a donné l'exemple du courage dont
ils avaient presque plus besoin que lui-même;
car dans un tel époux et un tel père ils perdaient
un rare modèle de l'affection conjugale et de
la tendresse paternelle, relevées par des qualités
d'esprit et des sentiments civiques auxquels j'ai
cru pouvoir, comme parent et comme ami,
rendre ici publiquement un trop incomplet
hommage.

CUVILLIER-FLEURY
De l'Académie française.

M. Victor Masson, qui vient de mourir dans sa propriété de la Chassagne, où il s'était retiré depuis douze ans, a été l'un des hommes les plus distingués de sa profession, et comme l'a justement écrit M. Cuvillier-Fleury, « l'un de ceux qui ont le plus contribué à l'expansion de l'esprit français par les livres, en France et à l'étranger. »

Un esprit ouvert et cultivé ; un jugement sain et prompt pour apprécier les hommes et les choses ; de la délicatesse et de la sûreté dans les relations ; un dévouement sincère aux intérêts de la science et l'intelligence des moyens par lesquels un éditeur peut les servir ; enfin, une recherche constante du progrès dans la pratique de son industrie ; telles sont les qualités par lesquelles M. Masson a su porter à un

haut degré de prospérité et de considération une maison modeste à ses débuts, et qui compte aujourd'hui parmi les premières de la librairie française.

Né à Beaune, en 1807, d'une ancienne et honorable famille de négociants, M. Masson n'avait pas encore de profession arrêtée lorsqu'il fut mis en relations avec M. Hachette, dans la maison duquel il travailla pendant deux ans.

En 1836, il s'établit en acquérant de MM. Didot la collection des classiques français dite *stéréotype*, et en 1838, il devint l'associé, puis en 1846, le seul propriétaire de la librairie scientifique et médicale fondée par M. Crochard en 1804.

Dès lors il était dans la voie du succès.

L'entrée de M. Masson dans la librairie scientifique se signala par un remarquable perfectionnement dans la fabrication des livres de sciences. Les ouvrages d'alors, même les plus considérables, ne se présentaient guère avec cette forme attrayante à laquelle nous sommes habitués maintenant. M. Masson s'attacha à introduire dans ses publications l'ordre, la

clarté et l'élégance. Ce fut lui notamment
qui enrichit les livres scientifiques de ces
nombreuses figures, si utiles à l'intelligence
du texte, dont il semble qu'on n'a jamais pu
se passer, et qui ont constitué cependant en
ce temps-là une remarquable et heureuse in-
novation.

M. Masson, dans ses nombreuses entreprises,
n'est guère sorti du cadre des livres de science,
de médecine ou de technologie. Parmi ses
premières publications, on peut citer le *Règne
animal de Cuvier*, monument colossal, à peine
commencé par son prédécesseur et mené par
lui à bonne fin de 1838 à 1847 ; — un *Atlas
d'anatomie* important, dont l'exécution fut d'a-
bord confiée à MM. Bonamy et Beau, et qui fut
achevée par les soins du professeur Broca ; —
la longue série d'ouvrages scientifiques d'enseignement secondaire rédigés par MM. Edwards,
de Jussieu, Beudant, Delaunay, Regnault, Pelouze et Frémy, etc. Cette série, commencée
par lui en 1840, avec le concours de son ami et
confrère Langlois, a longtemps servi de modèle
à tous les livres de même ordre.

En 1851, M. Masson, qui possédait déjà bon

nombre de publications périodiques, fondait avec le Dr Dechambre la *Gazette hebdomadaire de médecine et de chirurgie*, qui a eu sur le mouvement médical des vingt dernières années une influence considérable.

Enfin, peu de temps avant de quitter les affaires, il entreprenait, avec le regretté Asselin, et sous la direction du Dr Dechambre, un *Dictionnaire encyclopédique des sciences médicales*, qui sera sans contredit une des publications les plus vastes de notre génération.

En 1857, M. Masson était entré au tribunal de commerce ; les qualités de son esprit lui avaient assuré un rang distingué dans ce milieu d'élite, et quand il en sortit, à la fin de 1862, commençant à sentir le besoin du repos, sa retraite y excita d'unanimes regrets (1).

Il avait appartenu longtemps au Conseil d'administration du Cercle de la librairie, comme secrétaire et comme vice-président. Il y prit une part active aux négociations qui

(1) M. Masson est entré au tribunal de commerce comme juge suppléant aux élections de 1857 ; il a été nommé juge en 1860.

(Note de la famille.)

dotèrent notre Cercle de la propriété du *Journal de la Librairie* et en assurèrent ainsi la prospérité (1).

En 1862, il avait été membre du jury à l'Exposition universelle, puis nommé, à cette occasion, chevalier de la Légion d'honneur.

En 1864, M. Masson avait acheté en Bourgogne une vaste propriété où il se proposait d'employer les loisirs que lui donnait l'entrée de son fils dans les affaires. Ce fut pour lui une occasion nouvelle de satisfaire ses besoins d'activité et ses goûts de progrès. Sous sa direction, des travaux importants et bien combinés changèrent rapidement l'aspect du site qu'il avait choisi, et le parc de la Chassagne acquit une réputation dans la contrée.

C'est là, entre ses occupations rurales et les fonctions de délégué cantonal pour l'instruction primaire, à l'accomplissement desquelles il apportait un réel dévouement, que s'écoulèrent les dernières années d'une vie qu'il avait

(1) M. V. Masson, membre du Cercle de la librairie depuis sa fondation, a été nommé en 1856 secrétaire du conseil. Il a été élu vice-président en 1859.

Note de la famille.

su rendre utile jusqu'à la fin, justifiant ainsi la devise inscrite par ses soins sur l'horloge d'un de ses bâtiments :

Non ullas numera nisi bono laborique datas.

En 1878, M. Masson sentit les premières atteintes d'un mal sur la gravité duquel il ne pouvait se faire aucune illusion et qui fit de rapides progrès. Il eut à supporter de longues et cruelles souffrances, et il les accepta avec un calme et une fermeté qui ne se démentirent pas un instant.

Il a eu, en quittant la vie, la satisfaction de voir son œuvre continuer et grandir dans les mains de son fils, qui a su se faire, jeune encore, une place considérable dans l'estime de ses confrères et du monde scientifique, et acquérir une haute influence dans les conseils de notre corporation.

M. Masson est mort le 3 mai 1879, à 72 ans. Ses funérailles ont eu lieu à Sainte-Marie-sur-Ouche (Côte-d'Or).

Un service funèbre, célébré à Paris, le 12 mai, a attiré un nombreux concours de savants,

de membres du Cercle et d'amis, qui avaient tous à cœur de rendre un dernier hommage à la mémoire du père, et de donner au fils une marque de douloureuse sympathie.

A. TEMPLIER.

LA *GAZETTE HEBDOMADAIRE DE MÉDECINE*
ET DE CHIRURGIE

On ne s'étonnera pas de trouver ici une expression toute particulière du deuil que vient
de faire, dans tant de cœurs et à tant de titres,
la mort de M. *Victor Masson*, qui a succombé
le 3 mai dernier, dans sa propriété de la
Chassagne, aux progrès d'une longue et douloureuse maladie. Parmi ses nombreux droits
aux regrets publics, d'autres se rappelleront son
intelligente initiative dans la réforme maté-
rielle de la librairie médicale, et comment, un
des premiers, sinon le premier, il a su mettre
dans les livres l'art, le goût, la commodité à
la place des formes lourdes et disgracieuses
qui déparaient, il y a trente ans, les ouvrages les plus renommés. Ni les éditeurs ses
confrères, ni les médecins n'oublieront les
agréments de son esprit, la sûreté de ses rela-

tions, sa droiture inflexible, et cette manière
facile et libérale d'accueillir les auteurs et de
régler avec eux tout arrangement. Mais nous,
à cette place, nous nous souvenons avant tout
qu'il a fondé la *Gazette hebdomadaire de médecine et de chirurgie* et (avec le regretté Asselin) le *Dictionnaire encyclopédique des sciences
médicales*. Il nous importe qu'on le sache, ces
deux publications n'étaient pas, dans la pensée
de V. Masson, simple entreprise de librairie :
c'était, nous ne craignons pas de le dire, un
acte scientifique, aussi réfléchi chez l'éditeur
que chez celui qui a été chargé de le mener à
fin. En comprenant les besoins et les ten-
dances de la science à laquelle ils ont attaché
leur industrie, en devinant le mouvement des
esprits, en appréciant les aptitudes, en saisissant
les occasions, certains éditeurs sont, plus qu'on
ne le croit, les ouvriers du progrès. V. Masson
était de ceux-là. Il a eu, dès son entrée dans la
carrière, le sens très juste de la direction pré-
sente et future des sciences médicales, et sa
constante préoccupation était de mettre sa maison au service de ce mouvement. Aussi avec
quel amour suivait-il, même après sa retraite,

la marche heureuse de ses publications favo-
rites! Il a fallu, pour l'empêcher d'en revoir
toutes les épreuves, que la main de la maladie
devînt assez pesante pour le coucher sur son lit
d'agonie.

Avec la pleine notion du mal qui le rongeait,
V. Masson ne s'est pas départi, jusqu'à la fin,
d'une admirable sérénité, que soutenaient
d'ailleurs le courage et les soins infatigables de
sa dévouée compagne et de tous les siens. Ses
suprêmes adieux ont été virils, dignes d'une
belle mort après une belle vie.

Masson a été inhumé le 5 mai dans le cime-
tière de Sainte-Marie-sur-Ouche (Côte-d'Or).
Un service funèbre aura lieu à Paris, le lundi
12, dans l'église de Saint-Sulpice.

Dr A. DECHAMBRE.

Nous avons le douloureux devoir d'annoncer la mort de M. Victor Masson, un vieil ami de quarante ans, père de M. Georges Masson, éditeur du *Journal de l'Agriculture*. M. Victor Masson naquit le 2 février 1807. En 1838, il devint, avec M. Crochard, l'associé d'une librairie fondée en 1804, et qui avait conquis une grande renommée en se consacrant à l'édition d'ouvrages dus aux plus illustres savants du commencement de ce siècle sur les sciences naturelles, chimiques et médicales. Quelques années plus tard, il en restait l'unique propriétaire. Les *Annales de chimie et de physique*, la *Gazette de médecine et de chirurgie*, un grand nombre de publications relatives à presque toutes les branches des connaissances humaines dans le domaine de l'observation et de l'expérience, l'avaient mis en relations quo-

tidiennes avec tous ceux qui ont marché à la
tête du progrès scientifique en France et à l'é-
tranger. C'est alors qu'il voulut bien nous témoigner, dès nos débuts dans la vie, une amitié
qui nous fut un puissant encouragement à sui-
vre la carrière où nous nous sommes engagé.
Son fils lui a succédé avec toutes ses qualités,
et cela a été certainement une ineffable joie de
sa vieillesse. Lorsque l'heure de la retraite lui
parut sonnée, il résolut de passer ses dernières
années à la campagne. Il avait connu de près
les auteurs de livres populaires sur les choses
rurales ; il voulut mettre à profit quelques-unes
des doctrines qu'il avait concouru à répandre.
Il choisit près de Dijon un site admirable, co-
teau alors dénudé ; il le planta en arbres et
arbustes de tous genres, de manière à étudier
les essences qui pourraient le mieux convenir
au sol et au climat. Le parc de la Chassagne
est devenu un des beaux parcs de France. Sa
famille vint se grouper autour de lui dans les
heures de liberté que laissèrent à son fils et à
son gendre de grandes affaires à conduire. Nous
l'y avons vu plein de bonheur. Il vient d'y mourir à l'âge de soixante-douze ans ; nous es-

périons qu'il avait encore, grâce à sa forte
constitution et à son âme stoïque, un grand
nombre d'années devant lui. Une cruelle maladie l'a enlevé. Ses travaux restent, puisque ses
enfants continuent à Paris et en Bourgogne de
faire prospérer les deux établissements auxquels il a consacré sa vie, une grande librairie
scientifique et agricole, un beau domaine rural.
Les agriculteurs qui étaient heureux de l'avoir
vu venir parmi eux le saluent avec respect, en
proclamant qu'il a été utile au progrès agricole
par ses publications et par ses cultures.

J.-A. BARRAL.

Nous apprenons avec une profonde tristesse la mort de M. Victor Masson, enlevé à l'âge de soixante-douze ans, par l'une de ces terribles affections dont la fin est, on peut le dire, un soulagement pour la tendresse éplorée de l'amitié impuissante non moins que pour le courage si cruellement éprouvé du malade lui-même.

Personne n'a porté à un plus haut degré que M. V. Masson l'intelligence, la loyauté, l'aménité qui sont une tradition parmi les éditeurs médicaux parisiens, et qui lui avaient valu tant de succès, tant de distinctions flatteuses. Le parfait accueil qu'on trouvait chez lui, la sûreté avec laquelle y étaient discutés, pesés les hommes et les événements, les inventeurs et les découvertes, avaient fait de sa maison un centre, on peut dire un foyer d'attraction dont l'éclat a puissamment influé sur le développement de la science contem-

poraine. C'est grâce à cet ascendant si naturellement conquis et maintenu, toujours employé dans l'intérêt du progrès scientifique, qu'il put, en 1853, fonder avec le concours de ses amis — desquels nous nous honorerons d'avoir été — la *Gazette hebdomadaire*, qui, dès son apparition, prit le premier rang parmi les journaux de médecine. Vingt-six ans d'une carrière de plus en plus appréciée démontrent aujourd'hui la sûreté du coup d'œil qui avait présidé à la création de ce compendium si précis et si complet de tous les travaux sérieux accomplis en France et à l'étranger.

Que ce sincère témoignage d'estime et de regret, qui n'acquitte qu'imparfaitement notre dette envers un homme de bien, un travailleur irréprochable, puisse adoucir quelques instants l'affliction d'une famille si bien faite pour sentir, en même temps que le vide fait dans son sein, le devoir, pour elle si aisé à remplir, de payer à son chef vénéré, par l'exercice des vertus qui l'illustrèrent, l'hommage le plus digne de sa mémoire.

Dr P. Diday.

Nous avons le regret d'annoncer la mort de
M. Victor Masson, l'éminent éditeur, qui a succombé le 3 mai, dans sa propriété de la Chassagne, aux progrès d'une longue et douloureuse
maladie.

Victor Masson s'était fait une place à part
parmi les éditeurs scientifiques, et il est per-
mis de dire que, grâce à son intelligente initiative, à sa vive compréhension des publications utiles et opportunes, grâce au goût
artistique qu'il apportait dans la forme de ses
publications, sans regarder aux sacrifices,
grâce à sa manière libérale d'accueillir les auteurs, et aux aimables relations qu'il entrete-
nait avec eux, V. Masson était plus et mieux
qu'un collaborateur purement industriel aux
œuvres qu'il rendait publiques; son nom et
son souvenir sont et resteront associés au côté

intellectuel de ses œuvres, et aux progrès de toute sorte qu'elles ont réalisés. Il eût laissé un plus grand vide dans la librairie scientifique, s'il n'avait eu en son fils, M. Georges Masson, un successeur et un continuateur digne de lui.

Dr Laborde.

Nous avons le regret d'annoncer la mort de
M. Victor Masson, décédé à la Chassagne (Côte-
d'Or), à l'âge de 72 ans. Dès l'année 1838,
M. Masson avait pris rang parmi les libraires-
éditeurs les plus estimés de Paris. Bientôt son
intelligente activité, l'affabilité de son caractère, son esprit droit et juste, l'autorité de ses
conseils surent attirer et retenir auprès de lui
les savants et les médecins les plus éminents. Il
s'appliquait à éditer leurs ouvrages avec un
soin qui contribuait à les faire apprécier. L'intelligence avec laquelle il sut les rechercher et
les provoquer exerça sur le mouvement médical contemporain une influence des plus salu-
taires. M. V. Masson a été l'éditeur ou le fonda-
teur de plusieurs recueils ou publications
périodiques très importants.

La haute situation que lui avaient acquise, dans

la société parisienne, ses qualités éminentes et l'importance de sa maison avait amené M. Victor Masson à accepter les fonctions de juge au tribunal de commerce de la Seine et de membre du jury à l'Exposition universelle de 1862. Il avait été, en 1863, nommé chevalier de la Légion d'honneur.

Depuis 1870, M. Masson habitait une propriété qu'il possédait aux environs de Dijon. Il ne venait plus que rarement à Paris. Laissant à son fils le soin de diriger sa maison devenue l'une des plus justement estimées, il employait toute son activité en répandant dans le pays où il s'était fixé tout à la fois l'aisance et le goût des travaux utiles et en s'occupant activement, en qualité de délégué cantonal, de toutes les questions qui intéressent l'enseignement primaire.

Tous les amis de la science et de la bibliographie médicales, tous ceux qui savent honorer le talent et le caractère des hommes distingués, s'associeront au deuil de sa famille.

Nous avons le regret d'apprendre la mort de
M. Victor Masson, l'éditeur bien connu, l'un
des membres les plus justement estimés de la
grande famille de la librairie française.

M. Victor Masson était né à Beaune (Côte-
d'Or), en 1807. Les nombreux ouvrages de
science ou de médecine dont il a assuré la publication sont signés des noms les plus éminents. Il a fondé ou dirigé plusieurs revues et
journaux périodiques dont le succès a affirmé
son intelligence et son goût. On lui doit aussi
la création de tout un matériel de publications
d'enseignement secondaire.

Depuis 1870 il s'était retiré à la Chassagne,
dans une propriété où il employait son activité
à transformer le pays, en y répandant le goût
des travaux utiles et en s'occupant notamment,
en qualité de délégué cantonal, de toutes les
questions intéressant le développement de l'enseignement primaire.

M. Victor Masson, propriétaire à la Chassagne, vient de succomber à la suite d'une longue et douloureuse maladie.

M. Masson était né à Beaune en 1807, d'une
très honorable et ancienne famille de négociants.
Il avait été vers 1835 se fixer d'une manière
définitive à Paris, où il dirigea pendant de longues années une des librairies les plus importantes et les plus estimées de la capitale. Ses
remarquables facultés lui avaient acquis, à Paris, une haute situation. Juge au tribunal de
commerce, membre des jurys aux Expositions
universelles, attaché à d'importantes affaires
financières, chevalier de la Légion d'honneur,
il a eu une existence aussi honorable que bien
remplie.

En 1864, sur le point de quitter les affaires
et de prendre un repos légitimement acquis, il

était venu chercher dans notre département une retraite qui lui permit de se rapprocher de sa ville natale, en trouvant un élément à son activité toujours entière.

Ceux qui ont eu occasion de visiter dans ces derniers temps la propriété qu'il a transformée peuvent se rendre compte de l'ardeur avec laquelle il s'était livré à cette nouvelle existence. La Société d'acclimatation et plus tard la Société d'horticulture de la Côte-d'Or ont rendu justice à ses efforts, au moyen desquels un mamelon, en partie encore aride et desséché, s'est couvert de centaines de mille d'arbres choisis avec autant de soin que d'intelligence.

M. Masson, largement aidé dans ses travaux par M. Vignon, son gendre, qui continuera, nous n'en doutons pas, la tâche commencée, a succombé au moment où il allait jouir du plein succès de ses efforts.

Délégué cantonal pour le canton de Sombernon, il s'occupa des écoles qu'il inspectait jusqu'au moment où la maladie l'arrêta. Il mit sans relâche son influence au service du pays où il s'était fixé. C'est principalement à ses efforts que Mâlain doit l'arrêt de son train di-

rect, qui a été une bonne fortune pour toute
cette vallée. Enfin, il y a quelques jours,
Pont-de-Pany obtenait une seconde distribu-
tion postale, qui met le jour même tous les vil-
lages voisins en relation avec Paris et avec le
Midi.

M. Masson s'est senti frappé à mort il y a
près de quinze mois ! Il a accepté avec une
touchante résignation la certitude d'une fin
douloureuse et prématurée, et s'est éteint chré-
tiennement, assisté par sa pieuse compagne et
par ses enfants accourus depuis trois mois auprès de son lit de douleur.

LE *BORSENBLATT*

JOURNAL DE LA LIBRAIRIE ALLEMANDE

Eine der grössten Zierden des Pariser Verlagsbuchhandels hat der Tod dahingerafft. Am 3. Mai letzthin endete zu La Chassagne im Alter von 72 Jahren seine irdische Laufbahn Victor Masson, ein Mann, dessen Wirken und Verdienste segensreich und bedeutend genug für den Buchhandel gewesen sind, um ihm auch hier einen Nachruf zu widmen. Denn obgleich er die letzten Jahre in stiller Zurückgezogenheit der verdienten Ruhe genoss, und

---

La librairie française vient de perdre une des personnalités qui lui faisaient le plus d'honneur. Victor Masson est mort le 3 mai à la Chassagne, et sa carrière a été pour notre industrie assez importante et assez féconde pour qu'il y ait lieu de lui donner ici un dernier hommage.

Bien qu'il eût en effet passé les dernières années de

obgleich seine Person dem geschäftlichen Leben schon fern stand, so erheischt doch, abgesehen von Gerechtigkeit und Pietätsgefühl, allein schon das allgemeine Interesse unseres Standes, dass die Namen und Leistungen der hervorragendsten Berufsgenossen für alle Zeit gekannt und gewürdigt werden. So dürfen wir wohl auch erwarten, dass eine kurze Skizze zur Erinnerung an Victor Masson in den buchhändlerischen Kreisen Deutschlands freundliche Aufnahme finden werde.

Victor Masson, im Jahre 1807 in Beaune geboren, kam nach Paris in ganz jungen Jahren in das Haus Hachette zu seiner Ausbildung,

---

sa vie dans une retraite dignement conquise, et qu'il n'appartint plus en fait à la vie des affaires, il importe, en dehors de tout sentiment personnel de justice et de piété, de faire connaître et d'honorer le nom et les actes de ceux qui se sont le plus distingués dans notre profession. Nous croyons donc qu'une courte notice en l'honneur de Victor Masson trouvera dans la librairie allemande un accueil favorable.

Victor Masson, né à Beaune en 1807, vint encore jeune à Paris, fit son apprentissage dans la maison Hachette, et entra en 1838 comme associé dans la librairie Crochard, dont il devint en 1846 le seul propriétaire. C'est

trat 1838 in die Buchhandlung von Crochard als Associé ein, und ging diese dann auch 1846 in seinen alleinigen Besitz über. Von dieser Zeit datiren Masson's Erfolge und die sichtbaren Ergebnisse seines Strebens: gleich in den ersten Jahren seiner Selbständigkeit hat er Werke in seinem Verlage erscheinen lassen, wie « Cuvier, le Règne animal » und « Bonamy et Beau, Atlas d'anatomie descriptive du corps humain ». Nennt man nur diese Werke, so ist damit die Richtung klar hervorgehoben, welche der junge Verleger einzuschlagen begonnen hatte. In dem Bewusstsein, dass nicht jedes buchhändlerische Interesse auf materielle Grundlagen gestellt ist, hat Victor Masson nie die Opfer gescheut, um alle Werke seines wis-

---

de cette époque que datent les succès de Masson et les résultats apparents de ses efforts.

A peine établi à son compte, il faisait paraître des ouvrages comme le *Règne animal* de Cuvier, et l'*Anatomie* de Bonamy et Beau; le titre seul de ces livres suffit à marquer dans quelle direction le jeune éditeur s'était résolûment engagé. Persuadé que la librairie ne repose pas uniquement sur des intérêts matériels, Victor Masson n'a jamais reculé devant les sacrifices

senschaftlichen Verlages seinen Autoren, seinem Vaterlande zum Ruhme in mustergültigem Gewande ans Licht zu bringen. Er begann jene in der That durch Geschmack und Sorgfalt bewunderungswürdige Ausstattung seiner Werke, welche in der ganzen Welt beifälliges Staunen erregte und zugleich zur Nachahmung Veranlassung gab. Es entstand aus einem ursprünglich nur für bestimmte Werke berechneten Verhalten eine Gewohnheit, welche nachher nicht wieder aufgegeben wurde: das wissenschaftliche Publicum gewöhnte sich an die überaus sorgsame Art der Ausstattung, sie wurde die Grundlage eines Rufes, wie ihn vor Victor Masson kein Verleger genossen hatte, eines Rufes, der ihm bald aus allen wissenschaftlichen Kreisen Frankreichs die Autoren zuführte.

---

pour que tout ce qui sortît de sa librairie fît honneur à ses auteurs et à son pays. Il fut en fait l'initiateur de cette exécution pleine de goût et de soin qui fut partout accueillie avec faveur et partout imitée. C'est ainsi que le luxe de la forme, d'abord réservé pour certains ouvrages, devint bientôt un usage dont il n'eût plus été possible de se départir ; le public scientifique s'habitua à une exécution soignée, et la réforme dont Masson avait

Es gehört nicht in den Rahmen dieser Zeilen,
ausführlich über den ganzen Umfang des
Masson'schen Verlages zu berichten; wir wollen hier nur Einzelnes hervorheben; — so
gründete Masson die " Gazette hebdomadaire
de médecine " und das grosse " Dictionnaire
encyclopédique des sciences médicales ", zwei
Unternehmungen, welche in Frankreich auf
den Stand der medicinischen Wissenschaft den
grössten Einfluss geübt haben; — er gründete
ferner das " Journal de l'agriculture ", welches
ebenfalls noch heute in hohem Ansehen steht.
Es sind im Masson'schen Verlage ferner Werke
von den namhaftesten Gelehrten erschienen:

été l'auteur fut pour lui l'origine d'un renom qu'aucun
éditeur n'avait eu avant lui, et qui fit prendre bientôt
aux auteurs le chemin de sa librairie.

Les limites de cette étude ne permettent pas de passer
en revue toute la série des publications de Masson. Nous
nous bornerons à en signaler quelques-unes : c'est ainsi
que Masson fonda la *Gazette hebdomadaire* et le *Dictionnaire encyclopédique des sciences médicales*, deux entreprises qui eurent en France la plus grande influence
sur les progrès des sciences médicales ; il contribua
aussi à la fondation du *Journal de l'agriculture*, qui
jouit aujourd'hui d'une haute influence. Citons parmi les

wir nennen z. B. Brown-Séquard, Chenu, de
Candolle, d'Orbigny, Milne-Edwards, Follin,
Gavarret, Payer, Péclet, Pelouze et Frémy,
Quatrefages, Velpeau, Würtz, u. s. w. In diesem
Autoren-Verzeichnisse fehlt ohne Zweifel noch
manch schätzbarer Name.

Indem wir uns jeglicher weiteren Ausfüh-
rung und jeden weiteren Lobes über Victor
Masson's persönliche Eigenschaften enthalten,
fügen wir hier nur noch hinzu, dass seiner
langjährigen Thätigkeit die äussere Anerken-
nung nicht versagt blieb, er wurde 1857 Mit-
glied des Tribunal de commerce und ist 1862
bei der Jury der Weltausstellung in London
gewesen. Masson war auch seit 1862 Ritter der

savants célèbres que Masson a eu l'honneur d'éditer :
Brown-Séquard, Chenu, de Candolle, d'Orbigny, Milne-
Edwards, Follin, Gavarret, Payer, Pelouze et Frémy,
Quatrefages, Würtz, etc. ; dans cette rapide énumération
nous oublions sans doute plus d'un nom considérable.

Nous nous abstiendrons de plus longs détails sur les
qualités personnelles de Masson. Nous dirons cependant
que les distinctions ne manquèrent pas pour récom-
penser son active carrière. En 1857, il devint membre
du tribunal de commerce; en 1862 il fut membre du
jury à l'Exposition universelle de Londres ; il était, dès

Ehrenlegion, und gehörte lange Zeit zum Vorstande des " Cercle de la librairie ".

Soweit in ganz kurzen Zügen Victor Masson's Wirken als Buchhändler. Nach 35 jähriger, ununterbrochener Thätigkeit zog sich Masson aus dem öffentlichen Leben zurück, um seine ferneren Tage in wohlverdienter Ruhe einem stillen Landleben zu weihen. Sein Geschäft hatte Victor Masson die Freude seinem einzigen Sohne Georges übergeben zu können, der dasselbe unter seinem eigenen Namen fortführt. Hatte dieser doch unter den Augen seines Vaters lange genug gearbeitet, und den Geist von dessen Leitung tief genug erfasst, als dass er nicht sein Wirken als Nachfolger des

---

1862, chevalier de la Légion d'honneur, et appartint longtemps au bureau du Cercle de la librairie. Telle est, en quelques traits rapides, la vie de Victor Masson comme libraire.

Après trente-cinq ans de travail non interrompu, Victor Masson se retira de la vie publique, pour chercher à la campagne un repos bien mérité.

Il avait eu la joie de pouvoir céder sa maison à son fils Georges, qui la continue sous son propre nom; ce dernier avait travaillé trop longtemps sous les yeux de son père et

Vaters auch mit Erfolgen zu krönen wüsste. Victor Masson's Namen und Verdienste werden in den Annalen der Wissenschaft und des Buchhandels in Frankreich fortleben. Friede über der Gruft dieses seltenen Mannes, Ehre seinem Andenken!

ALBERT ABER,
De la librairie Hirschwald, à Berlin.

s'était trop inspiré de son esprit pour ne pas continuer l'œuvre paternelle dans les mêmes traditions.

Le nom et les mérites de Victor Masson vivront en France dans les annales de la librairie et de la science.

— Que la paix soit à la tombe de cet homme distingué! honneur à son souvenir!

Der frühere Chef eines mit Leipzig ehedem
direct in regem Verkehr gestandenen grossen
buchhändlerischen Geschäfts ersten Ranges,
der Firma MASSON, deren jetziger Besitzer in
Leipzig seine Berufsbildung in der C. F. Winter'schen Verlagshandlung vollendete, ist Anfang Mai auf seinem Landsitz La Chassagne im
Côte d'Or gestorben. Am 12. d. wurde ihm in
der Kirche Saint-Sulpice zu Paris ein Todten-
amt gehalten, das in zahlreichster Weise und
höchst glänzend besucht war. Galt es doch
dem vieljährigen Handelskammerpräsidenten,

M. Victor Masson, qui vient de mourir au commencement de ce mois dans la propriété qu'il habitait en
Bourgogne, avait été le chef d'une maison de librairie
de premier ordre qui, représentée longtemps à Leipzig,
a eu avec cette ville des relations très actives, et dont

einem der Begründer des medicinisch-wissen-
schaftlichen Verlags in Paris die letzten, wohl-
verdienten Ehren zu erweisen. Die Universitä
war hervorragend vertreten.

Victor Masson war ein Schüler Hachette's,
dieses gelehrten Buchhändlers. Selbständig
machte er sich zuerst durch Eintritt in das
Crochard'sche Geschäft, aus dem Theilnehmer
ward später der Nachfolger. Das jetzige Geschäft eröffnete er 1838. Der Anfang desselben
unter anderen Besitzern datirt vom Jahre 1804.

le propriétaire actuel, M. G. Masson, a vécu autrefois
parmi nous, quand il terminait, comme employé dans
la librairie C.-F. Winter, son éducation professionnelle.

Le service mortuaire, célébré le 12 mai dans l'église
Saint-Sulpice, avait réuni une assistance aussi nombreuse que distinguée, empressée à rendre un suprême
et légitime hommage à l'ancien magistrat consulaire, à
l'un des fondateurs de la librairie médicale et scientifique
en France. Le monde savant et universitaire était dans
cette assemblée particulièrement représenté.

Victor Masson avait été à l'école d'un libraire éminent,
M. Louis Hachette; puis il débuta comme chef de maison
en 1838 en devenant l'associé et ensuite le seul propriétaire d'une maison déjà ancienne, la librairie Crochard,
dont l'origine remonte à 1804. Les entreprises de Victor
Masson furent couronnées par le succès, non sans qu'il

Seine Unternehmungen waren von Glück begleitet, doch fehlte es auch nicht an Kämpfen, die er durchzumachen hatte. Er arbeitete sich bald zu hohem Ansehen in der Fachwelt seines Vaterlandes und Deutschlands hinauf. Im Jahre 1862 wählte man ihn in die Londoner Ausstellungsjury.

Sein eigener Verlag ward auf den Ausstellungen von 1851 und 1855 in London und Paris mit Preisen ausgezeichnet, die er auch nach der äussern Seite der Ausstattung, hin vollauf verdiente. Er ward geradezu der Reformator des Verlags wissenschaftlicher Werke; er wusste in der Herstellung dieser Fachwerke Eleganz und Solidität aufs Schönste zuverbinden.

Namhafte Fachblätter verdanken ihm ihren

eût eu cependant plus d'une lutte à soutenir. Bientôt ses efforts lui eurent conquis en France et en Allemagne une haute situation dans le monde compétent. Il fut en 1862 choisi comme membre du jury à l'Exposition de Londres.

Lui-même avait reçu à Londres et à Paris, en 1851 et 1855, des récompenses que justifiait pleinement l'exécution de ses publications. Il fut, à proprement parler, le réformateur des éditions scientifiques, en donnant à

Aufschwung, viele auch ihre Entstehung. Er hat deren 24 in seinem Verlage. Ganz bedeutend darunter ist die " Gazette hebdomadaire de médecine et de chirurgie ".

Sein bereits erwähnter Sohn Georges führte das väterliche Geschäft seit 1860 mit, seit dem letzten Kriege aber ganz allein fort.

---

ces livres spéciaux une élégance qui n'enlevait rien à leur cachet sérieux.

Parmi les recueils périodiques scientifiques français, plusieurs lui doivent leur développement; d'autres leur création. Citons, à cause de son importance spéciale, la *Gazette hebdomadaire de médecine et de chirurgie*. Son fils Georges a secondé son père dans la conduite de la maison depuis 1860; il en est resté le seul chef depuis 1871.

LE *MEDICAL TIMES AND GAZETTE*

DE LONDRES

The Paris medical journals record, with expressions of the greatest esteem and regret, the death, in his seventy-second year, of M. Victor Masson, who from 1838 to 1870, when he retired in favour of his son, held the highest place among medical publishers of the capital. His relations with the profession were always of the most liberal, friendly, and upright character; and he worked an entire reform in me-

———————————————

Les journaux médicaux de Paris annoncent avec l'expression d'une haute estime et d'un sincère regret la mort, à l'âge de 72 ans, de M. Victor Masson, qui de 1838 jusqu'en 1870, époque où il s'est retiré en faveur de son fils, a tenu un rang élevé parmi les éditeurs médicaux de la capitale. Ses rapports avec les membres de la profession ont toujours été de la nature la plus libérale et la plus amicale; et il a exercé dans l'édition médicale

dical publishing by the care and elegance with which he brought out the works entrusted to him. Some of the most important books and journals which have recently issued from the Paris press have been published by him; and by the publication of the *Gazette hebdomadaire* and the " Dictionnaire encyclopédique des sciences médicales, " he gave a great impulse to medical progress in France, in which he always felt the greatest concern quite apart from his mere trade interest in it.

---

une réforme complète par le soin et l'élégance avec lesquels il a publié les ouvrages qui lui étaient confiés. Plusieurs des livres et des journaux les plus importants qui sont, dans ces dernières années, sortis des presses françaises, ont été édités par lui; et par la publication de la *Gazette hebdomadaire* et du *Dictionnaire encyclopédique des sciences médicales*, il a donné une grande impulsion au progrès de la médecine en France, témoignant, en dehors de tout intérêt mercantile, de la part qu'il prenait au mouvement scientifique.

PAROLES PRONONCÉES AUX OBSÈQUES

PAR M. MAIRET

MEMBRE DU CONSEIL GÉNÉRAL DU DÉPARTEMENT DE LA CÔTE-D'OR
PRÉSIDENT DE LA DÉLÉGATION CANTONALE POUR LE CANTON DE
SOMBERNON

M. Victor Masson que nous accompagnons aujourd'hui à sa dernière demeure emporte dans la tombe une mémoire justement honorée, une réputation intègre et le mérite des services qu'il a constamment rendus, et des devoirs auxquels il n'a jamais failli. Heureux ceux qui ont vécu et qui meurent comme lui pour cette vie de justice et de paix réservée aux hommes de bien.

Les nombreux amis de M. Masson se joignent à sa famille pour pleurer avec elle un homme éminemment bon et affectueux, d'une nature droite et honnête et pour partager la douleur que sa mort prématurée cause à tous les bons citoyens.

Voilà la vie, une succession sans fin de peines et de chagrins. Mais il faut se résigner et s'incliner devant la volonté divine.

S'il y avait des consolations à donner à une famille éprouvée par un si grand malheur et par une séparation aussi cruelle, on les trouverait dans ce concours empressé d'une population tout entière et d'amis dévoués qui ont tenu à accompagner M. Masson à sa dernière demeure, pour témoigner par leur présence de leur respectueux et tendre attachement pour l'homme d'élite si justement estimé qui laisse après lui des regrets sincères et universels.

À *Monsieur G. Masson.*

à la Chassagne (Côte-d'Or).

Le 5 mai 1879.

« Les employés de votre maison ont désiré
« témoigner de la part qu'ils prennent à votre
« douleur et exprimer les regrets que leur in-
« spire la mort de votre vénéré père, M. Victor
« Masson.

« Ne pouvant pas être présents à la triste
« cérémonie de demain, ils envoient, pour être
« déposée en leur nom sur la tombe, une
« couronne, humble hommage rendu à leur
« premier maître, pour lequel ils conserveront
« toujours le souvenir de la plus vive et de la
« plus profonde reconnaissance.

« Veuillez être auprès de madame Victor
« Masson l'interprète de notre respectueuse
« sympathie, et croire, monsieur et cher pa-

« tron, à nos sentiments de dévouement et
« d'attachement.

« Ont signé :

« JANKOWSKI, VALLÉE, KUN. BALTENWECK, BLANC.
« BOUCHÉ, CABROL, CROIZET, DUBUISSON, DUMAS.
« FLAMANT, GAU. LEFORT, LOMBARD, PERRONNE,
« PREVOT, RACT. RIGAL, VALLET. VANDOMBER.
« VIEILLE. »

Une magnifique couronne, portant pour inscription :
A Victor Masson, les employés de la maison Masson,
arrivée avec cette lettre le matin des obsèques, a été
placée sur le cercueil, pendant son exposition dans la
chapelle de la Chassagne et dans l'église de Sainte-
Marie, puis déposée sur la tombe, selon le pieux désir
de ceux qui l'avaient adressée.

CONSEIL D'ADMINISTRATION

DU CERCLE DE LA LIBRAIRIE, DE L'IMPRIMERIE
ET DE LA PAPETERIE

—

Extrait du procès-verbal de la séance du 20 juin 1879.

PRÉSIDENCE DE M. G. HACHETTE

« Avant d'aborder l'ordre du jour, M. le
« président se fait l'interprète des profonds
« regrets que la mort de M. Victor Masson a
« causés aux membres du Conseil, dont il avait
« été vice-président. Par sa rare intelligence
« autant que par l'élévation de son caractère,
« M. Masson avait su conquérir un des pre-
« miers rangs dans la librairie française ; par
« sa bienveillance et la sûreté de ses relations,
« il s'était concilié l'affection de ses confrères.
« On sait la haute estime qu'avait pour lui le
« monde scientifique. M. Masson a été pendant

« plusieurs années un des membres distingués
« du Tribunal de commerce. Sa perte a été
« vivement ressentie par tous les membres du
« Cercle, qui s'associent à la douleur de son
« fils. »

www.ingramcontent.com/pod-product-compliance
Ingram Content Group UK Ltd.
Pitfield, Milton Keynes, MK11 3LW, UK
UKHW031802170726
13836UKWH00003B/1143